TOCOTRONIC

Die 1993 in Hamburg gegründete Band hat sich zu einer der erfolgreichsten deutschsprachigen Bands der Gegenwart entwickelt, die mittlerweile auf zwölf Alben zurückblicken kann. Als Dirk von Lowtzow (Gitarre und Gesang), Jan Müller (Bass) und Arne Zank (Schlagzeug) 1995 ihr Debütalbum »Digital ist besser« veröffentlichten, war die Musik geprägt von schrammeligem Gitarrenrock mit sloganhaften Texten: »Ich möchte Teil einer Jugendbewegung sein«. Es folgten die Alben »Nach der verlorenen Zeit« (1995), »Wir kommen um uns zu beschweren« (1996) und »Es ist egal, aber« (1997). Mit »K.O.O.K.« (1999) und dem »weißen Album« (2002) ändert sich der Sound, wird ausladender und opulenter, während die Texte zunehmend lyrischer werden. Seit »Pure Vernunft darf niemals siegen« (2005) gehört Rick McPhail als zweiter Gitarrist fest zur Band. In dieser Besetzung spielen sie »Kapitulation« (2007), »Schall und Wahn« (2010), »Wie wir leben wollen« (2013) und das »rote Album« (2015) ein. Mit »Die Unendlichkeit« (2018) folgt ein Album, das zum 25. Bandjubiläum autobiografisch den Weg zur Musik und die Geschichte der Band erzählt.

Michael Büsselberg

Erstes Tocotronic-Konzert 1995, danach unzählige weitere. Aufgewachsen im Rhein-Main-Gebiet, popjournalistische Arbeiten, DJ, Redakteur bei einem öffentlich-rechtlichen Sender. 2010 entdeckte er während eines Nancy-Aufenthaltes »Chansons de Dutronc en bandes dessinèes«, von Comiczeichner*innen interpretierte Songs von Jacques Dutronc, ein Konzept, das ihn zu »Sie wollen uns erzählen« inspirierte.

SIE WOLLEN UNS ERZÄHLEN

ZEHN TOCOTRONIC-SONGCOMICS

Herausgegeben
von Michael Büsselberg

INHALT

Jim Avignon
DIGITAL IST BESSER
5

Sascha Hommer
DRÜBEN AUF DEM HÜGEL
14

Tine Fetz
DER SCHÖNSTE TAG IN MEINEM LEBEN
22

Katja Klengel / Christopher Tauber
LET THERE BE ROCK
30

Eva Feuchter
ABER HIER LEBEN, NEIN DANKE
44

Anna Haifisch
KAPITULATION
56

Julia Bernhard
WARTE AUF MICH AUF DEM GRUND DES SWIMMINGPOOLS
68

Moni Port
DIE ERWACHSENEN
80

Jan Schmelcher
REBEL BOY
90

Philip Waechter
ELECTRIC GUITAR
102

Arne Zank
TOCOTRONIC SPIELEN SICH SELBER
113

Die Beitragenden
119

DIGITAL IST BESSER

VOM ALBUM »DIGITAL IST BESSER«, 1995

»Digital ist besser«, der Titel des Titelsongs unseres 1995 erschienenen Debüt-Albums, wird auch heute noch gerne als Überschrift für Artikel benutzt, die die Wende hin zur Digitalisierung beschreiben wollen oder fragwürdige soziologische Untersuchungen zu den sogenannten Digital Natives vorzuweisen haben. Uns ging es in dem Lied lediglich um Digitaluhren, die wir »viel besser« fanden als die scheußlich-bunten Armbanduhren Schweizer Fabrikats, die in den Achtziger- und frühen Neunzigerjahren noch in Mode waren und die beweisen, dass beileibe nicht alles, was sich mit dem Attribut »Pop« schmückt, nicht noch ins Spießbürgerlich-Muffige abdriften kann.

Dirk von Lowtzow

Es muss so Mitte der Neunziger gewesen sein, als ich bei Klaus Walters Radiosendung »Der Ball ist rund« zum ersten Mal ein Stück von Tocotronic hörte und mich auf Anhieb von dieser charmanten Kombi aus schrammeligen Gitarren, nöligem Gesang und Texten, die irgendwie direkt mit meinem Leben zu tun zu haben schienen, angezogen fühlte … Besonders dieser seltsame, nie aufgelöste Widerspruch zwischen dem eher gitarrenlastigen Dinosaur-Jr-artigem Sound und dem eher clubbig-elektronischen Bandnamen und Albumtitel hatte es mir angetan. Ich kaufte mir »Digital ist besser« und fand alles gut. Später ist der Sound von Tocotronic dann irgendwann in Richtung Feuilleton abgebogen und ich hab einfach den Faden verloren, nach dem tollen »Jackpot« war ich draußen, aber »Digital ist besser« kickt mich auch heute, 25 Jahre später, immer noch.

Jim Avignon

JIM AVIGNON
»DIGITAL IST BESSER«

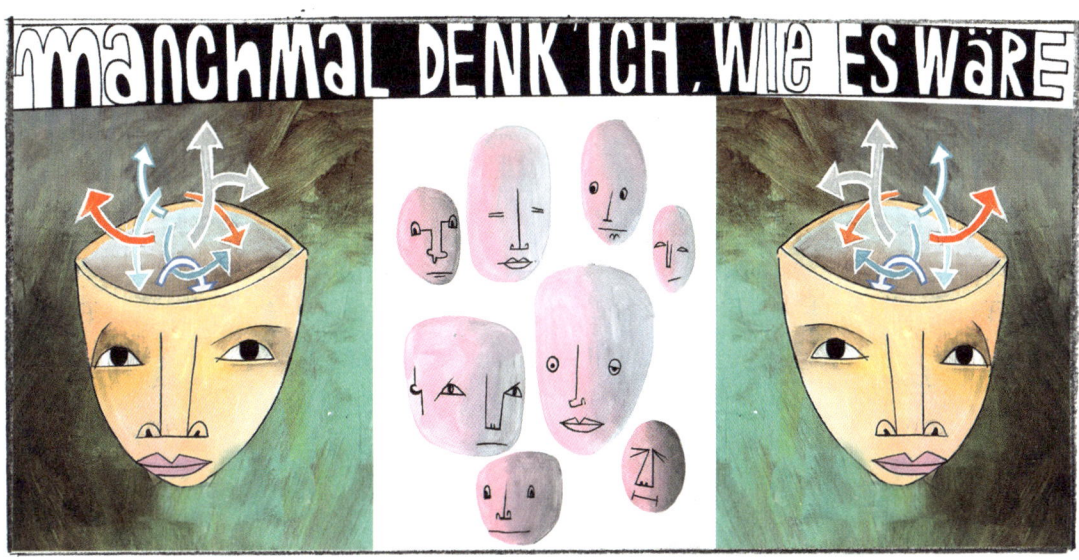

DRÜBEN AUF DEM HÜGEL

VOM ALBUM »DIGITAL IST BESSER«, 1995

»Drüben auf dem Hügel« ist eines unserer ältesten, einfachsten und besten Lieder. Ich hatte beim Schreiben ein Gitarren-Instrumental der legendären SST-Label-Musikerin Sylvia Juncosa im Ohr und die sanften Hügel und Weinberge Mittelbadens vor Augen. Man kann das Lied immer und immer wieder spielen, es wird nie langweilig. Arne Zanks hämmernde Schlagzeugschläge in jedem vierten Takt möchten einen glauben machen, man durchstreife den Schwarzwald und wohne dort einem Konzert irr gewordener Spechte bei.

Dirk von Lowtzow

Mitte der Neunzigerjahre, in der süddeutschen Provinz nahe Freiburg, waren Seattle und Hamburg etwa gleich weit entfernt. In den letzten Monaten der Pubertät hatten wir mit etwas Verspätung, vermutlich 1997, »Drüben auf dem Hügel« als Soundtrack für den Sommer entdeckt. Über die Band wussten wir nicht viel, aber es gab Kassetten, die wir auf Wanderhütten, Campingplätze und bis nach Amsterdam mitnehmen konnten.

Sascha Hommer

SASCHA HOMMER
»DRÜBEN AUF DEM HÜGEL«

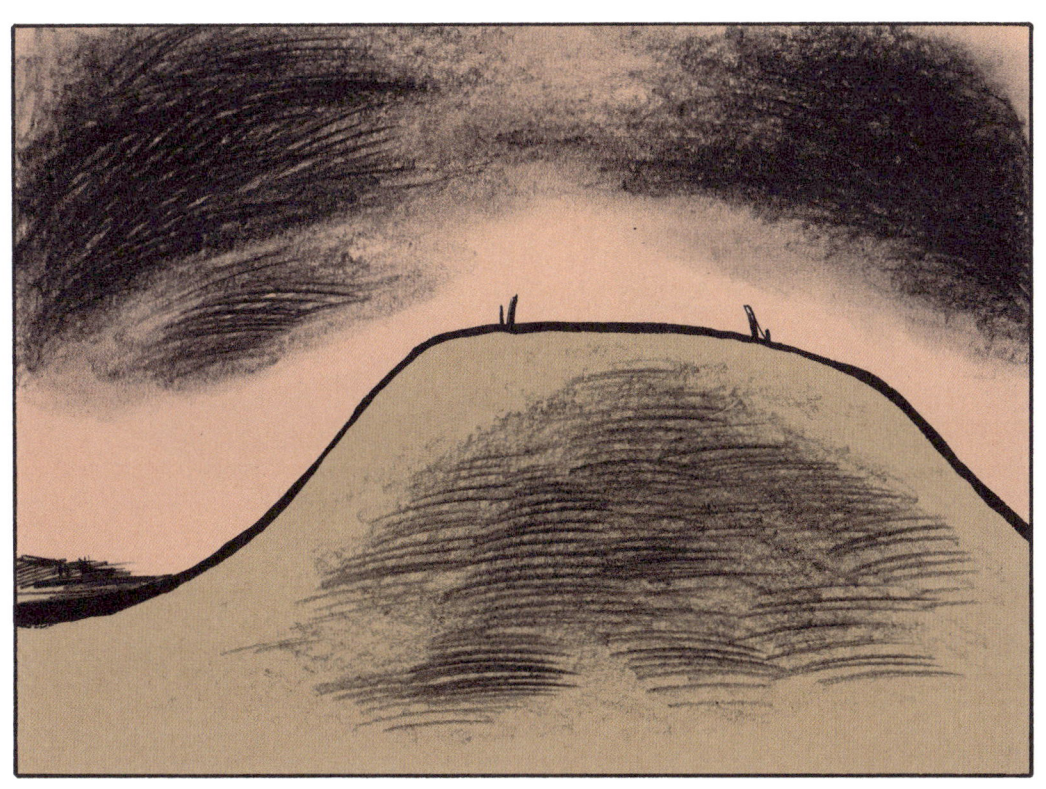

IM LETZTEN ABENDSONNEN-SCHEIN

DRÜBEN AUF DEM HÜGEL

MÖCHT' ICH WARTEN

DER SCHÖNSTE TAG IN MEINEM LEBEN

VOM ALBUM »ES IST EGAL, ABER«, 1997

Es gab in Hamburg unweit des Gänsemarktes eine Passage, die so trostlos und schlecht besucht war, dass Jan Müller und ich auf unseren zahlreichen Streifzügen durch die Innenstadt diese fast zwanghaft immer wieder aufsuchen mussten. Von dem diffus-unheimlichen, aber durchaus wohligen, dem eines einsamen Sonntagnachmittages nicht unähnlichen Gefühl, das sich in uns nach dem Besuch dieser Passage regelmäßig ausbreitete, handelt das Lied.

Dirk von Lowtzow

»Der schönste Tag in meinem Leben« beschreibt die grundlose Langeweile und die Leere von Wochentagen in der westdeutschen Mittelstadt und wie man, anstatt auszurasten, lieber melancholisch suchend umherwandert. Der Zettel in der Tasche macht alles nur noch schlimmer, wahrscheinlich hat man ihn selbst geschrieben. Mein absoluter Lieblingssong von Tocotronic.

Tine Fetz

TINE FETZ
»DER SCHÖNSTE TAG IN MEINEM LEBEN«

  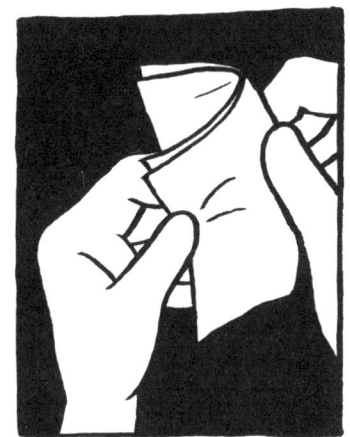

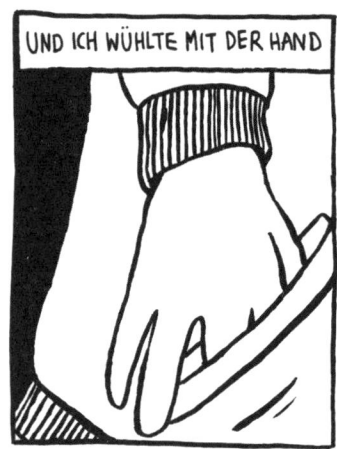

 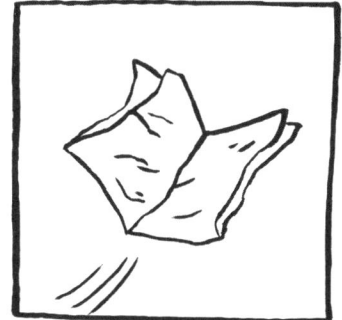 

LET THERE BE ROCK

VOM ALBUM »K.O.O.K.«, 1999

»Let There Be Rock« ist eines der seltsamsten Lieder unserer Bandgeschichte und erstaunlicherweise fast unser größter Hit. Es ist ein bisschen nach dem Prinzip »Mehr ist mehr« gebaut. Europe-Fanfaren? Warum nicht? Die Grundierung des Liedes basiert allerdings auf einer einfachen, fast hymnenartigen Struktur, ein Hinweis, den wir Troy von Balthasar verdanken, dem Sänger der Gruppe Chokebore, der uns in einer Probephase zum K.O.O.K.-Album im Proberaum besuchte. Heute erscheint das Lied wie ein früh vorweggenommener Abgesang auf eine nach und nach wie eine erkaltete Liebe zu reiner Gewohnheit und deshalb bedeutungslos gewordene Jugendkultur: Rock.

Dirk von Lowtzow

»Let There Be Rock« ist eine Hassliebes-Hymne auf die Provinz mit AC/DC-Zitat. Das wäre vermutlich die Fernsehprogrammzeitschrift-Zusammenfassung für dieses Lied. Aus der Zeit, als die Second-Hand-Trainingsjacke gegen schwarzes Leder getauscht wurde, in Gedenken an die mit Aufnähern zugemüllte Jeans-Kutte. Mich würde interessieren, ob einer von Tocotronic je so eine besessen hat. Außerdem frage ich mich, wie Tocotronic es geschafft haben, die Faust in der Hoodie-Tasche im Refrain so zu besingen, dass es sich anfühlt, als würde man sie trotzdem Zuversicht fordernd in die Luft recken.

Christopher Tauber

»Let There Be Rock« habe ich jetzt mit 32 Jahren das erste Mal gehört und dennoch fühlt es sich so an, als wäre das Lied nur für mich geschrieben worden, als wäre es meine Jugend, die da besungen wird. Der Wunsch zu rebellieren, besonders zu sein und aus der Kleinstadttristesse auszubrechen, um später festzustellen, das mich all diese Dinge geprägt haben und ich sie schmerzhaft vermisse, weil die Jugend keine Zeit des Stillstands war.

Katja Klengel

KATJA KLENGEL / CHRISTOPHER TAUBER
»LET THERE BE ROCK«

ABER HIER LEBEN, NEIN DANKE

VOM ALBUM »PURE VERNUNFT DARF NIEMALS SIEGEN«, 2005

Dirk von Lowtzow

> Die kühne Verbindung von Volker Lechtenbrink und The Fall in »Aber hier leben, nein danke« überzeugt meiner Meinung nach bis heute. Der etwas mystische und raunende Tonfall in der Aufzählung dessen »was ich mag«, ist aus heutiger Sicht vielleicht gewöhnungsbedürftig, war aber der exzessiven Lektüre vernunftkritischer Literatur von Blake bis Bataille geschuldet. Und die Wendung »aber hier leben, nein danke« fetzt. Es waren die Nullerjahre. Von Zeitschriftencovern grinsten einen die »hundert wichtigsten jungen Deutschen« an.

»Aber hier leben, nein danke« steht für mich für den klassischen Widerspruch zwischen Sicherheit und Freiheit. Zwei Gegenpole, die man beide auf Dauer vielleicht nicht aushält; die Frage, nach was man sich sehnt und ob man dies bei genauerer Betrachtung überhaupt noch will. Dieser Song fängt für mich das Gefühl perfekt ein, zu diesem inneren Konflikt zu stehen.

Eva Feuchter

EVA FEUCHTER
»ABER HIER LEBEN, NEIN DANKE«

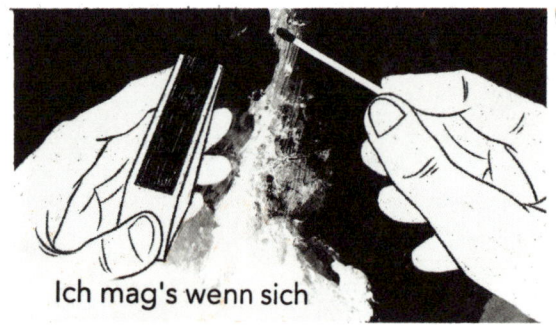

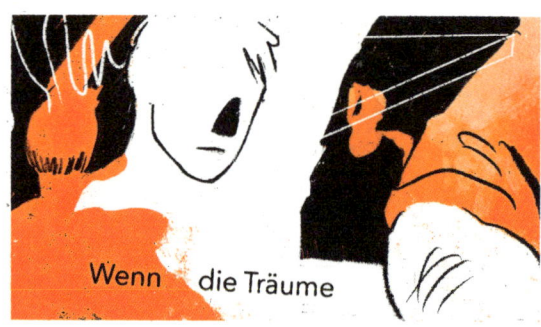

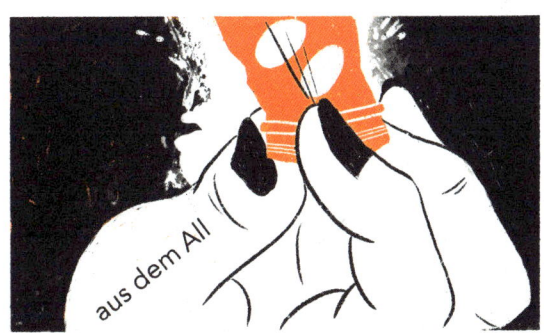

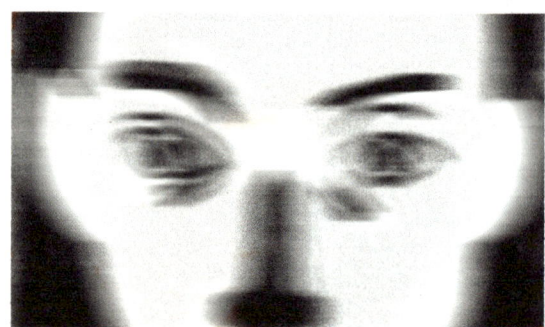

 Aber hier leben 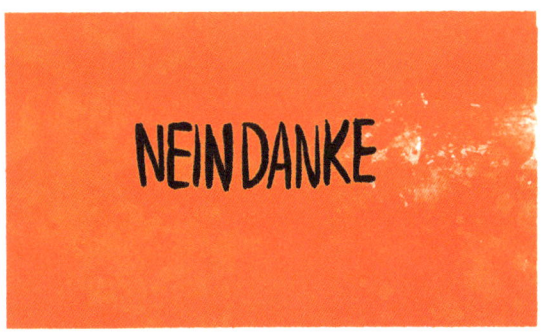 NEIN DANKE

 Aber hier leben  NEIN DANKE

 Aber hier leben  NEIN DANKE

 Aber hier leben  NEIN DANKE

KAPITULATION

VOM ALBUM »KAPITULATION«, 2007

»Kapitulation« war immer als eine Art »invertierter« Gospelsong gedacht. Statt der Gemeinde Mut und Unverzagtheit zuzusprechen, wurde hier das Scheitern gepriesen und die Selbstaufgabe gepredigt. Man könnte uns das als Zynismus auslegen, wenn man nicht wüsste, dass das Lied eine Protesthaltung gegen dasjenige Lebensgefühl der Nullerjahre zum Ausdruck brachte, das man grob mit »progressiv, dynamisch, mit Fantasie – aber sachlich« (F. J. Degenhardt) beschreiben könnte. »Und deutsch«, möchte man noch hinzufügen.

Dirk von Lowtzow

Ich weiß nicht, wie oft ich zu Tocotronic im Atelier schon Zeichnungen koloriert habe. Auf jeden Fall: ziemlich oft. Es ist eigentlich ziemlich sicher, dass mich Tocotronic total beeinflusst haben. Einmal habe ich im Conne Island Dirk von Lowtzows Hand geschüttelt und ihm zum Geburtstag gratuliert. Das lag aber nur daran, dass ich da gerade als Einzige wegen was anderem rumstand und er den Booker Hannes suchte.

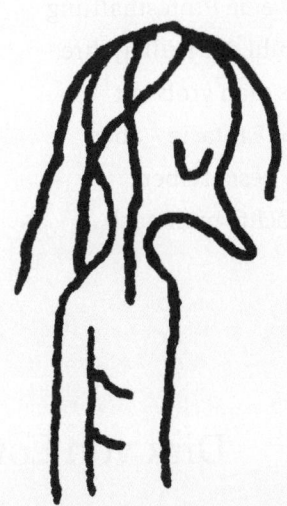

Anna Haifisch

ANNA HAIFISCH
»KAPITULATION«

Und wenn du kurz davor bist
Kurz vor dem Fall

Und wenn du denkst

Fuck it all!

Und wenn du nicht weißt
Wie soll es weitergehen

Kapitulation ohoh

Und wenn du denkst
Alles ist zum Speien!

Und so wie du jetzt bist
Willst du überhaupt nicht sein

Und wenn du traurig *bist*

Und einsam und allein

Wenn die Welt im Schlaf versunken ist

Du wirst es nie bereuen

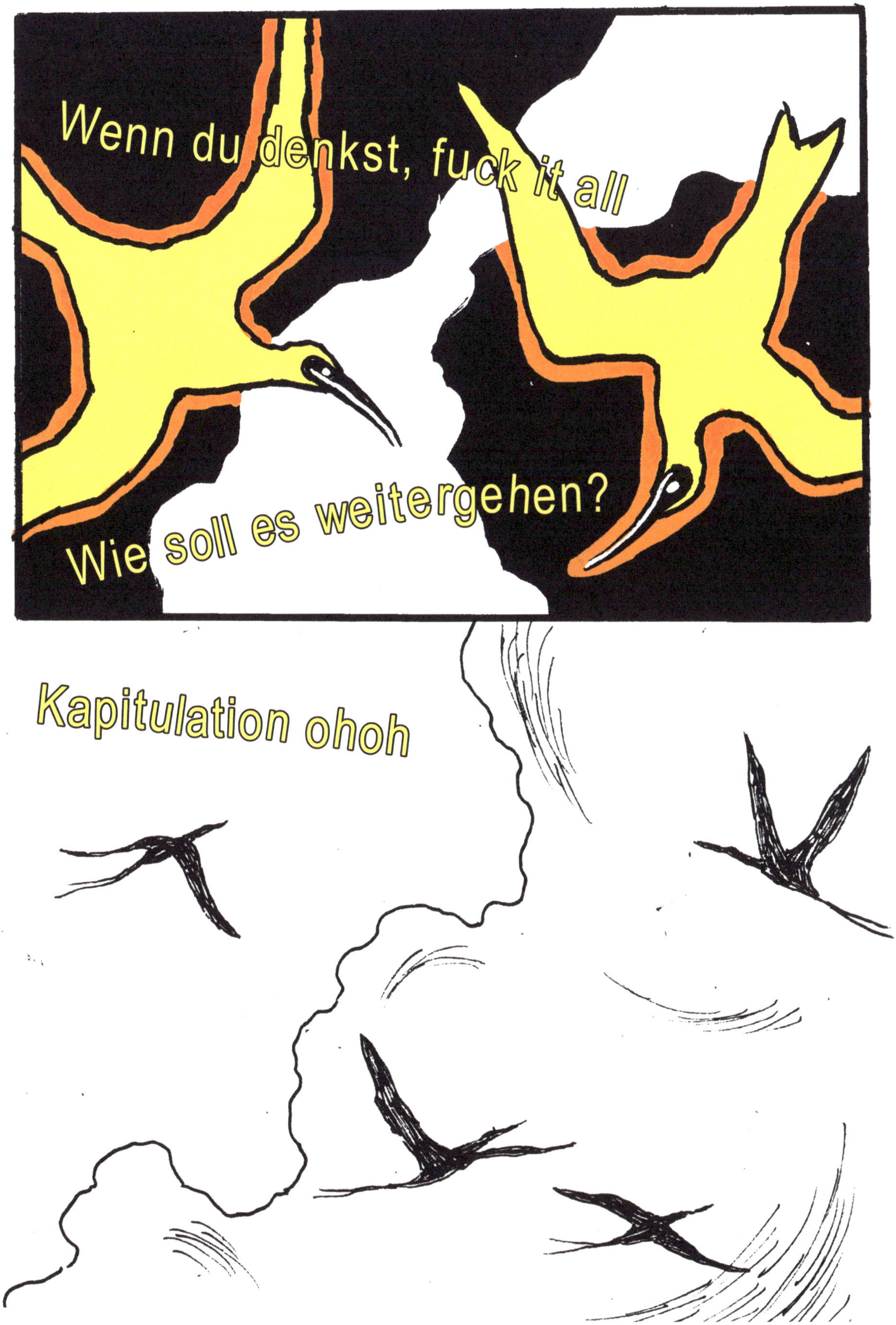

Wenn du denkst, fuck it all

Wie soll es weitergehen?

Kapitulation ohoh

Alle, die die Liebe finden
Sie müssen kapitulieren

Alle, die disziplinieren
Sie müssen kapitulieren

Alle, die uns kontrollieren
Sie müssen kapitulieren

Alle, die uns deprimieren
Sie müssen kapitulieren

Lasst uns an alle appellieren

Wir müssen kapitulieren

Kapitulation ohoh

WARTE AUF MICH AUF DEM GRUND DES SWIMMING-POOLS

VOM ALBUM »WIE WIR LEBEN WOLLEN«, 2013

Ein Lied wie ein Kurzfilm von Jack Smith: traumhaft, extravagant und traurig. Und suizidal. Andererseits: Wer wünschte sich nicht eine Krönung in »Glanz und Chlor«? Aufgenommen 2012 im modernsten Vierspur-Sound in Berlins Candy-Bomber-Studio, abgeschirmt im Flughafen Tempelhof, während draußen vor der Tür die »Hunger-Games« gedreht wurden, können die Hörer*innen mit dem Ergebnis zu Jans drängenden Bassläufen und Ricks endlosen Gitarrenschleifen sanft entschlafen und fünf Faden tief unter den Wasserspiegel sinken.

Dirk von Lowtzow

»Verliebt ist derjenige, der wartet«, sagte schon Roland Barthes. Und kein anderes Lied beschreibt für mich den Zustand des verliebten Wartens so gut wie »Warte auf mich auf dem Grund des Swimmingpools«. Das Gefühl mäandert irgendwo zwischen Vergnügen und Qual, nur eines ist gewiss: Die Luft geht langsam aus und man wünscht sich, es ginge auf die eine oder andere Weise endlich vorbei.

Julia Bernhard

JULIA BERNHARD
»WARTE AUF MICH AUF DEM GRUND
DES SWIMMINGPOOLS«

DIE ERWACHSENEN

VOM ALBUM »TOCOTRONIC«, 2015

»Man kann den Erwachsenen nicht trauen«. Mit diesem leicht abgewandelten, bewegenden Satz aus Ingeborg Bachmanns Kriegstagebuch beginnt ein Pamphlet gegen die Welt der neobourgeoisen (Lebens-)Lügen. Ein weiterer bedeutender alpenländischer Schriftsteller taucht kurz darauf in der ersten Strophe auf: Wer könnte je Thomas Bernhards »Hosen mit den schütteren Stellen« aus seinem Roman »Gehen« vergessen? Offensichtlich die österreichische Literaturwissenschaftlerin Daniela Striegl, die genau diese Zeile des schönen Liedes in einem Beitrag des Radiosenders FM4 als blanken Unsinn schalt. Eine Schmach, von der wir uns bis heute nicht erholt haben.

Dirk von Lowtzow

Als wir unser Atelier gründeten, wurde auch eine Stereoanlage in zentraler Stelle des großen Raums positioniert. Alle brachten Musik mit und alle mussten mithören, wenn jemand eine CD in die Anlage schob. So habe ich damals viele »neue« Bands entdeckt, auch Tocotronic. 20 Jahre später ein Lied der Band zu illustrieren, ist eine ungewohnt intensive Erfahrung, weil man durch das wiederholte Anhören des immerselben Songs (ich schätze, dass ich mir die »Erwachsenen« ca. 400 Mal angehört habe) sehr in ihn »hineinkriecht«. Anders als sonst habe ich zu allererst den Text mitgeschrieben und gelettert. Er gehört für mich unbedingt zur Illustration dazu. Dirk singt ruhig, der Songtext jedoch hat inhaltlich eine Wucht und Aggression, die ich mir selbst auch sofort in Erinnerung rufen kann, wenn ich an meine eigene Jugend zurückdenke. Inspiriert durch das Musikvideo, das Jugendliche in einer Art Collage aus Schnappschüssen in ihrer Unbeschwertheit zeigt, habe ich meine Seiten angelegt. Die Kombination aus beidem (Textinhalt, Bilder im Video) in Verbindung mit der »tanzbaren« Musik löste fast schon eine Art nostalgische Schwermut in mir aus. Jetzt, wo ich selbst (längst) erwachsen bin und einen jugendlichen Sohn habe.

Moni Port

MONI PORT
»DIE ERWACHSENEN«

REBEL BOY

VOM ALBUM »TOCOTRONIC«, 2015

> Eine homoerotische Ode an einen satanischen Messias, geschrieben frühmorgens im Frühjahr 2014 im Bett eines Riads in der Medina von Marrakesch. Klingt schwülstig? Soll es auch sein!

Dirk von Lowtzow

Jan Schmelcher

Rebel Boys: Morrissey, Neal Cassady, Harry Dean Stanton, Jacques Dutronc, Klaus Lemke, Bommi Baumann, Vincent Gallo, Norbert Grupe, Carlo Mollino, Mark Lombardi, Danny Fox, Stefano Tamburini, Florian Süssmayr, Evel Knievel, Michael Glawogger …

»Golden Boy / beauty untamed / stupid and wild / poster boy / you're society's child / cut your teeth / cut your mouth / cut it out.« (Natalie Merchant)

I have seen them fall: Gunter, Steven Bird, X, Air D., Becker, Pierre-Richard …

JAN SCHMELCHER
»REBEL BOY«

ICH WERDE NICHT GEBRAUCHT ✶
DIE ZUKUNFT GIBT ES NICHT ✶
DOCH HAT MAN MIR BEREITS VON DIR
BERICHTET ✶ ICH ERWARTE EINE
ZEIT DER ZÄRTLICHKEIT ✶

REBEL BOY, ICH BIN WIE DU ☆
DEN MAN MIT SCHMACH
BEDECKT ☆ REBEL GIRL,
DIE WIE ZUM TROTZ ☆
DEN KOPF NOCH HÖHER RECKT
ICH WILL KEINE PUNKTE SAMMELN..

ELECTRIC GUITAR

VOM ALBUM »DIE UNENDLICHKEIT«, 2018

Vom Fenster in der Einliegerwohnung im Souterrain des Reihenhauses meiner Eltern in Offenburg konnte ich durch vergitterte Fenster in unseren Garten blicken, während ich auf meiner ersten elektrischen Gitarre selbsterdachte Lieder schrummelte und in Fantasie-Englisch inbrünstig vor mich hinsang, wobei ich von Zeit zu Zeit die einstudierten Posen im Badezimmerspiegel überprüfte.

Etwas später hatte ich dort unten das erste Mal zu den Songs von Aztec Camera und Lloyd Cole and the Commotions (»She looks like Eve-Marie Saint in ›on the waterfront‹«) geknutscht oder mich heimlich betrunken, während Hüsker Dü durch die stickige Luft meines Jugendzimmers dröhnten.

Diese manisch-depressive Hymne aus der Sicht eines Teenagers in der Provinz der späten Achtzigerjahre ist eines der zentralen Stücke unseres 2018 erschienenen, autobiografischen Albums »Die Unendlichkeit«. Danach ging es noch viel weiter!

Dirk von Lowtzow

Zuletzt habe ich Tocotronic beim Summerstale-Festival 2018 in der Lüneburger Heide gesehen. Das scheint so fern im Moment, so ein ausgelassenes und schönes Festival.

Jetzt höre ich »Electric Guitar«, zeichne dazu und träume davon, selbst Musik machen zu können. Ich bewundere Menschen, die ein Musikinstrument beherrschen. Zeit meines Lebens hadere ich mit der Tatsache, nie ein Instrument gelernt zu haben. In meiner Vorstellung kann es kaum etwas beglückenderes geben, als in einer Band zu spielen und gemeinsam Musik zu machen. Wie in dem Song, habe auch ich als Kind und Teenager all diese Posen vor dem Spiegel geübt, aber leider ist es nur bei den Posen geblieben. Vor einigen Jahren habe ich es noch einmal versucht und Gitarrenunterricht genommen, aber nach drei Jahren wieder aufgegeben. Der Song lässt die alten Erinnerungen wieder aufleben.

Philip Waechter

PHILIP WAECHTER
»ELECTRIC GUITAR«

ICH GEBE DIR ALLES UND ALLES IST WAHR, ELECTRIC GUITAR

TOCOTRONIC SPIELEN SICH SELBER

EIN ZUGABE VON ARNE ZANK

Jan stellte mir Dirk vor, bei dem Besuch eines Bernd Begemann-konzerts. In Barmbek.

DER WAHNSINN

DER HAT AUCH 'NE TRAININGS-JACKE AN!!!

Es hat sofort gefunkt. Dirk war ähnlich zappelig, aber irgendwie nicht so blockiert wie wir

Fischköppe. Der kam aus

SÜD-Deutsch-land!

Das erste Mal im Proberaum:

Zuerst waren wir etwas irritiert...

Ich hab BIER mitgebracht!

COOL!

beide ohne Brille damals (glaube ich)

ein gewisses Interesse an Frisuren

über:

Tätowierungen!!

Ich mochte ihn gleich, weil er freundlich und lässig war. Auch eher langsam so wie ich. Das konnten wir bei aller (bereits erwähnten) Zappeligkeit gut gebrauchen.

Und er kam aus den U.S. of A.!!!

und sowas  quatschen.

Nun, das ist eigentlich erst der Anfang der Geschichte. Viele tolle Songs entstanden. Von einigen könnt ihr in diesem Buch lesen. Vielen herzlichen Dank für die Aufmerksamkeit! Was für ein Glück, daß wir uns getroffen haben.♥

DIE BEITRAGENDEN

VORGESTELLT VON JONAS ENGELMANN

Jim Avignon

Zwischen dem Frühjahr 1995 und dem Frühjahr 1996 haben Tocotronic drei Alben und diverse Singles veröffentlicht, insgesamt fast 50 Songs – einer davon: ihr – ironisch zu verstehender – Klassiker »Digital ist besser«: »In einer Gesellschaft, in der man bunte Uhren trägt / In einer Gesellschaft, wie dieser bin ich nur im Weg«. Angesichts eines solch enormen Outputs ist es wenig verwunderlich, dass der »schnellste Maler der Welt« Jim Avignon sich dieser Band angenommen hat; und bunte Uhren hat er 1996 für Swatch auch gestalten dürfen. Musiker ist er obendrein, als Neoangin hat er mittlerweile vermutlich mehr Songs komponiert als Tocotronic in ihrer Bandkarriere.

»Geboren 1961 als Christian Reisz, in Karlsruhe oder in Schweden«, heißt es im Internet über die derzeit in Berlin lebende Künstler- und Kunstfigur Jim Avignon, »ausgebildet zum Bäcker oder zum Schulbusfahrer, ist Autodidakt«. Und eben der schnellste Maler der Welt, der auch mal für die Frankfurter Schirn 800 Bilder malte und innerhalb eines Tages an die Besucher verschenkte. »Mit dem Ausspruch vom schnellsten Maler der Welt wollte ich ein Klischee schaffen, das aus der Kunstwelt herausgeht«, erklärt er seine Selbstdefinition. »Es war als Provokation gedacht, denn gerade Geschwindigkeit hat in der Kunstwelt nichts verloren.« Dieser selbstironische Gestus verbindet ihn ebenso mit der Band Tocotronic wie die popkulturellen und kulturgeschichtlichen Zitate, die seine an Pop Art, Comic und Street Art erinnernden Bilder prägen. Seine Interpretation des Songs ist so bunt wie Swatch-Uhren.

Sascha Hommer

Mit Dirk von Lowtzow teilt Sascha Hommer Herkunft (Schwarzwald) und Fluchtort (Hamburg). Was dem einen die »Electric Guitar« im Jugendzimmer, ist dem anderen das Zeichnen geworden. Von 2002 bis 2008 hat Sascha Hommer an der Hochschule für Angewandte Wissenschaften Hamburg bei Anke Feuchtenberger studiert, währenddessen die für die junge deutsche Comicszene wichtige jährliche Comicanthologie »Orang« herausgegeben und 2006 das Comicfestival Hamburg mitinitiiert. »Zeichnen ist für mich etwas ganz alltägliches, nicht etwas ›besonderes‹, das mit einem bestimmten Gefühl oder einer bestimmten Haltung verbunden wäre«, charakterisiert er sein Arbeiten. So sind aus diesem alltäglichen Zeichnen seit 2006 sieben Werke bei Reprodukt erschienen, mal aus dem Alltag gegriffene autobiografische Comics, mal dystopische Settings in fantastischen Welten.

Über seine Jugend im Schwarzwald und die Fluchtversuche aus der Provinz hat der 1979 geborene Hommer den autobiografischen Comic »Vier Augen« (Reprodukt, 2009) veröffentlicht, der wie alle seine Arbeiten durch einen sehr individuellen Stil geprägt ist: langsam erzählte, meist schwarzweiße Comics, die sich viel Zeit für die Personen nehmen, die Verwirrtheit ihrer Protagonisten in Graustufen übertragen. Auch wenn Hommer für seine Interpretation von »Drüben auf dem Hügel« mit Farben arbeitet, bleibt eine düstere Grundstimmung bestehen, klare Formen und Raster bilden die Folie, vor der sich die Handlung entfaltet. Der Hügel wirkt wenig einladend, zum utopischen Ort wird er erst durch die Menschen, die ihn sich aneignen.

Tine Fetz

Das Verhältnis von Musik und Illustration hat die in Berlin lebende Zeichnerin Tine Fetz bereits auf vielfältige Weise erkundet. Für das Projekt »Berliner Pop- und Subkulturarchiv« hat sie Orte und Szenen der Berliner Subkulturgeschichte in Illustrationen gezeichnet und für den »Rolling Stone« oder das »Missy Magazine« Musiker*innen porträtiert. Vor allem aber bildet sie gemeinsam mit dem Musiker Nick Jongen das Bandprojekt Ghost Bag, das als Dialog zwischen Bild und Musik angelegt ist. »Das Projekt begann mit einer alten Illustration von mir. Nick hat sich die Zeichnung sehr lange angeschaut und dann den Song ›New Heart‹ geschrieben. Das hat sich nach kurzer Zeit zu einem intensiven Dialog entwickelt, der immer persönlicher wurde«, erklärt sie das Projekt. Live bestimmen an die Wand projizierte Zeichnungen das Geschehen, die Zeichnerin wird zur Mitmusikerin auf der Bühne – und zur Dialogpartnerin des Musikers.

Beobachtend, in ruhigen, klaren schwarz-weißen Linien fängt die 1984 geborene Zeichnerin, die in Münster und Jerusalem studiert hat und heute als freie Illustratorin in Berlin lebt, die melancholische Stimmung ein, die den Song »Der schönste Tag in meinem Leben« durchzieht. Ebenso behutsam und langsam, wie der Song ein Panorama an Reflexionen entfaltet, begleitet man die Protagonistin auf ihrem Weg durch Berlin am »schönsten Tag in ihrem Leben«.

Christopher Tauber + Katja Klengel

»Das haben sich die Jugendlichen selbst aufgebaut« – ein Slogan, der auch für die in den letzten zwei Jahrzehnten entstandene junge deutsche Comicszene stehen kann. Die visuelle Umsetzung von »Let There Be Rock« lässt mit dem 1979 geborenen Christopher »Piwi« Tauber und der 1988 geborenen Katja Klengel gleich zwei Generationen dieser Szene aufeinandertreffen. Tauber ging den für die Neunzigerjahre klassischen Weg von selbst verlegten Fanzines (»Paranoid« und »Jackpot Baby!«) über erste Buch-Veröffentlichungen (»Inter View«, gemeinsam mit Helge Arnold, Ventil Verlag 2002), den Einstieg als Co-Verleger in einen Comic-Verlag (Zwerchfell) bis hin zum erfolgreichen und preisgekrönten Autor (Max und Moritz-Preis für »Die drei ??? – Das Dorf der Teufel«). Klengel dagegen ging den für die Nullerjahre klassischen Weg und veröffentlichte auf ihrem Blog »Blattonisch« autobiografische Comic-Strips und schließlich ihr Debüt »Girlsplaining« 2018 bei Reprodukt. Bei beiden spielt Pop eine zentrale Rolle: Die von Mangas geprägten Zeichnungen von Klengel sind gespickt mit popkulturellen Referenzen von Star Trek bis Harry Potter, während Tauber in seinem Debüt-Comicband »Inter View« gemeinsam mit Musikern wie den White Stripes, The Cardigans oder Helge Schneider Stories entwickelt hat. Tauber hat in der »Let There Be Rock«-Adaption den Song als Ausgangspunkt genommen und eine Story um Songzeilen entwickelt, Klengel sich die Story angeeignet und mit popkulturellen Verweisen gespickt in Bilder übersetzt. So prallen nicht nur zwei Generationen aufeinander, sondern auch unterschiedliche Zugänge zum Comic.

Eva Feuchter

»Detailliert, leicht, kontrastreich. Wie ein Obstsalat mit Oliven drin«, beschreibt die Illustratorin Eva Feuchter ihren Stil. »Ich arbeite am liebsten mit Aquarell und Tusche und bearbeite das Ganze dann digital.« Von dieser Kombination aus klassischer Illustration und digitaler Nachbearbeitung ist auch Eva Feuchters Umsetzung von »Aber hier leben, nein danke« geprägt. Die abgebildeten Szenen auf der Tanzfläche eines Clubs lösen sich auf, die tanzenden Menschen werden herangezoomt zu einem großflächigen Bild, fragmentiert durch die weißen Panelbegrenzungen. »All das mag ich, aber ...« – die täglichen Widersprüche werden in Bilder übersetzt.

Eva Feuchter hat in Halle und Mainz Kommunikationsdesign und Illustration studiert und lebt als Buchgestalterin, Illustratorin und Dozentin in Leipzig. Bei ihrer Arbeit als Künstlerin hat sie einen politischen Anspruch, in einem Interview stellt sie die Themen Feminismus, Antirassismus und Antikapitalismus als zentrale Themen heraus. So ist es wohl kein Zufall, dass sie mit »Aber hier leben, nein danke« einen Song gewählt hat, der immer wieder als Statement zur deutschen Gesellschaft interpretiert wurde, zu Rassismus, Antisemitismus, Deutschtümelei, eine Lesart, die die Band durch ihre politischen Positionierungen und Einmischungen unterstützt hat. »Ich mag die Spiegelung der Luft / Und wenn die Sehnsucht nie verpufft / Den Glanz des Lebens in einem Tag Ich mag den Zweifel, der an mir nagt«.

Anna Haifisch

»Eigentlich bin ich ja eher Beobachterin als wirklich Teil des Kunstmarkts«, sagt Anna Haifisch in einem Interview. »Es gibt immer mal Ausstellungen, wo meine Arbeiten auftauchen. Das liegt aber nur daran, dass Comics gerade en vogue sind.« Die 1986 geborene Zeichnerin, die in Leipzig Buchkunst studiert hat, teilt mit vielen ihrer Protagonist*innen den Blick einer Außenseiterin auf den Markt, die Skepsis angesichts von Hypes und Trends. Stattdessen hat Anna Haifisch ihre eigenen Strukturen aufgebaut, sei es der seit 2013 in Leipzig parallel zur Buchmesse – und jährlich wachsende – »Millionaires Club«, ein internationales Comicfestival für Fanzines und Kleinverlage, oder das Mini-Comicprojekt »Tiny Masters«.

2015 erschien ihr erster Comic »Von Spatz« (Rotopolpress), 2016 »The Artist« bei Reprodukt – auch in englischer Übersetzung beim renommierten Verlag Drawn & Quarterly erschienen –, seitdem folgen jährlich neue Arbeiten. Ihr sehr eigener Stil – klare Farbflächen, reduzierte Strichführung, Tiere als Protagonisten, denen die Selbstzweifel auf den Leib geschrieben sind – hat ihr eine stets wachsende Aufmerksamkeit eingebracht: 2016 erhielt sie den e.o.plauen Preis, 2018 den Sondermann-Preis und 2020 schließlich den Max und Moritz-Preis als beste deutschsprachige Künstlerin. Der Balanceakt zwischen Scheitern, Selbstzweifel und Aufbruch, der ihren Comic »The Artist« prägt, steht auch in der Comic-Adaption von »Kapitulation« im Mittelpunkt: Flucht, Zweifel und Utopie liegen dicht beieinander. Die Hoffnung ist ein Picknick im Wald.

Julia Bernhard

»Ich mein's doch nur gut mit dir, Kind! Aber du machst ja doch, was du willst.« Sätze der gescheiterten Kommunikation finden sich zuhauf im Graphic-Novel-Debüt »Wie gut, dass wir darüber gesprochen haben« von Julia Bernhard, die in Mainz Grafikdesign und Illustration studiert hat. Die Zeichnerin ist Mitgründerin des feministischen Comickollektivs Crush Club, ein politischer Anspruch, der sich auch in ihren Comics spiegelt: »Mich beschäftigt vor allem die Erwartungshaltung, die die Gesellschaft gegenüber Frauen in meinem Alter hat, und darum geht es auch in den Unterhaltungen«, erklärt sie in einem Interview den roten Faden ihres Albums, das 2020 mit dem Max und Moritz-Preis für das beste deutschsprachige Comic-Debüt ausgezeichnet wurde. »Daher finde ich es spannend, zu analysieren, wie rückschrittlich unsere Rollenbilder sind.« So wird zwar viel gesprochen, zeichnerisch dominiert jedoch Klarheit: großflächige Hintergründe, gerade Linien, ein Blick für Details, die den Text unterstützen oder kommentieren.

Passend zu ihrem analytischen Ansatz hat Julia Bernhard einen Song vom wohl programmatischsten Album der Band ausgewählt: »Wie wir leben wollen«, ein Album »gegen das Mackertum und gegen das normale heteronormative geschlechtliche Begehren«, wie Dirk von Lowtzow in einem Interview ausführt. Daher funktioniert das Liebeslied »Warte auf mich auf dem Grund des Swimmingpools« auch anders als andere Liebeslieder und besingt das Glück wie das Scheitern: »Und das Lied das dir erklingt / wartet auf dich / Bevor der Kontinent versinkt.«

Moni Port

»Man kann den Erwachsenen nicht trauen«. Man kann ihnen nicht trauen, weil sie zu weit weg sind von uns, den Kindern, den Babys: »Sie verstehen uns nicht / Wir sind Babys / Wir spucken ihnen ins Gesicht«. Die Erwachsenen sind Pädagog*innen, Erzieher*innen, wenn sie etwas gut meinen, uns etwas beibringen wollen, so wollen sie uns in Wahrheit verbiegen. Nicht zulassen, dass wir anders sind. Eine der wenigen Erwachsenen, die es anders macht, ist Moni Port. Sie kennt Bücher aus allen Perspektiven, als Buchhändlerin, Illustratorin, Buchgestalterin und natürlich Leserin. Und sie kennt Kinder aus allen Perspektiven, als Autorin, Beobachterin und Mutter. Dies zusammengenommen ergibt Bücher, die Kinder lassen wie sie sind, sie ernst nehmen in ihren verqueren und manchmal verwirrenden Gedankengängen, ihnen Raum geben. Die nicht erziehen wollen, aber zum Nachdenken anregen, die es gut meinen, ohne sich anzubiedern. »Wir wollen in unseren Zimmer liegen / Und knutschen, bis wir müde sind«.

Gebündelt hat Moni Port diesen Anspruch in der von ihr 1999 mitgegründeten Frankfurter Labor Ateliergemeinschaft und setzt ihn dort mit Philip Waechter, Anke Kuhl und anderen in diversen Buchprojekten um. »Warum bewerten wir Menschen, Situationen oder Sachen als normal oder unnormal? Ist normal sein gut oder schlecht? Wer bestimmt überhaupt, was normal ist und was nicht?«, schreiben sie etwa über ihr erfolgreiches Kinderbuch »Ich so, du so – Alles super normal«. Was normal ist in den Augen von Kindern, das sollten nicht die Erwachsenen definieren, denn: »Man kann den Erwachsenen nicht trauen«.

Jan Schmelcher

»Ich balle meine Faust / Für die Geschwindigkeit« – Die Rebel Boys der Popkultur sind nicht erst seit seiner Übersetzung des Tocotronic-Songs in Bilder für dieses Buch ein zentrales Motiv im Werk des 1968 geborenen Künstlers Jan Schmelcher: Dort finden sich Cowboys, Motorräder, Flipperautomaten, Gitarristen mit langen Haaren … Ihn interessieren scheinbar vor allem die Ränder der Popgeschichte, mal ironisch heruntergebrochen auf Bleistiftzeichnungen, mal auf Fragmente in Collagen. Er sei »ein Kind der Siebziger«, steht auf Jan Schmelchers Webseite, Referenzen sind unter anderem Skateboards, die Muppet Show, The Beatles und: »Tim und Struppi-Alben und Tonnen von Büchern«. Comics als Ausgangspunkt für die eigene künstlerische Laufbahn, wenn auch die Ligne Claire eines Hergé bei Schmelcher gegen den Strich gebürstet worden ist. »Und die monströse Kuppel / Zerbirst in tausend Farben« – Geboren in Wiesbaden, Studium an der Frankfurter Akademie für Kommunikation und Design und Studium der Kunstgeschichte und Amerikanistik an der Goethe-Universität Frankfurt. Zwischenstopp für einige Jahre in Tokio, Reisen in alle Welt, wo Material und Eindrücke gesammelt werden, zahlreiche Ausstellungen, einmal um die Welt und wieder zurück nach Wiesbaden – »Flucht und Himmelfahrten / Sind unsre Koordinaten«. Seine Adaption von »Rebel Boy« fügt sich ideal in Schmelchers künstlerisches Gesamtwerk zwischen Collage und Bleistiftzeichnung, er hat sich den Song zu eigen gemacht und in seine eigene Bildsprache übersetzt.

Philip Waechter

»Als ich angefangen habe vor 20 Jahren, da lief immer, immer, immer Musik«, erinnert sich der 1968 geborene Philip Waechter in einem Interview an seine Anfänge als Illustrator. Ob auch Tocotronic liefen? Anzunehmen. »Ich zieh mir den Pulli vor dem Spiegel aus / Teenage Riot im Reihenhaus« heißt es im Song, den Waechter für dieses Buch ausgewählt hat – der Generationenkonflikt im Hause Waechter dürfte jedoch anders verlaufen sein als in anderen Familien: »Bei uns gab es immer Stifte, es gab immer Papier, es wurde einfach immer gezeichnet«, erklärt er. Sein Vater ist F. K. Waechter, »Titanic«-Mitgründer, zentrale Figur für die Entwicklung der deutschen Karikatur und nicht zuletzt Autor und Illustrator von Klassikern des Kinderbuchs. Stilistisch, aber vor allem inhaltlich geht Philip Waechter seinen eigenen (anderen) Weg. Nicht politische Karikatur, sondern Kinderbuch, illustrierte Romane, bestes Beispiel: »Toni. Und alles nur wegen Renato Flash«, seine erste Graphic Novel, erschienen 2018. Seine Adaption von »Electric Guitar« ist rauer, dreckiger, erdiger, wie ein guter Rock-Song. Über die 1999 von ihm mitgegründete Ateliergemeinschaft Labor, die zahlreiche Bilder- und Kinderbücher für die nächste Zeichnergeneration produziert hat, kann man im Text zu Moni Port mehr erfahren.

»Drüben auf dem Hügel« | Musik + Text: Zank, Arne / Mueller, Jan Klaas / Lowtzow, Dirk von | © Hanseatic Musikverlag GmbH

»Digital ist besser« | Musik + Text: Zank, Arne / Mueller, Jan Klaas / Lowtzow, Dirk von | © Hanseatic Musikverlag GmbH

»Der schönste Tag in meinem Leben« | Musik + Text: Zank, Arne / Mueller, Jan Klaas / Lowtzow, Dirk von | © Hanseatic Musikverlag GmbH

»Let There Be Rock« | Musik + Text: Zank, Arne / Mueller, Jan Klaas / Lowtzow, Dirk von | © Hanseatic Musikverlag GmbH

»Aber hier leben, nein danke« | Musik + Text: Zank, Arne / Mueller, Jan Klaas / Lowtzow, Dirk von | © Hanseatic Musikverlag GmbH

»Kapitulation« | Musik + Text: Zank, Arne / Mueller, Jan Klaas / Lowtzow, Dirk von | © Hanseatic Musikverlag GmbH

»Warte auf mich auf dem Grund des Swimmingpools« | Musik + Text: Zank, Arne / Mueller, Jan Klaas / Lowtzow, Dirk von | © Hanseatic Musikverlag GmbH

»Die Erwachsenen« | Musik + Text: Zank, Arne / Mueller, Jan Klaas / Lowtzow, Dirk von | © Edition Elster | Mit freundlicher Genehmigung der Hanseatic Musikverlag GmbH

»Rebel Boy« | Musik + Text: Zank, Arne / Mueller, Jan Klaas / Lowtzow, Dirk von | © Edition Elster | Mit freundlicher Genehmigung der Hanseatic Musikverlag GmbH

»Electric Guitar« | Musik + Text: Zank, Arne / Mueller, Jan Klaas / Lowtzow, Dirk von | © Edition Elster | Mit freundlicher Genehmigung der Hanseatic Musikverlag GmbH

2. Auflage Dezember 2020

© Ventil Verlag UG (haftungsbeschränkt) & Co. KG, Mainz 2020
Abdruck, auch in Auszügen, nur mit ausdrücklicher Erlaubnis des Verlages. Alle Rechte vorbehalten.

ISBN 978-3-95575-132-6

Coverillustration: Tine Fetz
Layout: Oliver Schmitt
Druck und Bindung: Himmer GmbH Druckerei, Augsburg

Ventil Verlag, Boppstr. 25, 55118 Mainz
www.ventil-verlag.de

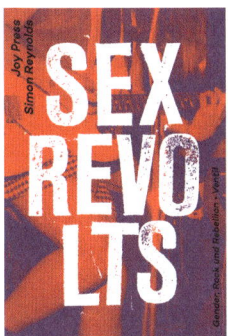

Joy Press / Simon Reynolds
Sex Revolts
Gender, Rock und Rebellion

Wolfgang Seidel
Scherben
Musik, Politik und Wirkung
der Ton Steine Scherben

Martin Büsser
Lazy Confessions
Artikel, Interviews und Bekenntnisse
aus zwei Jahrzehnten

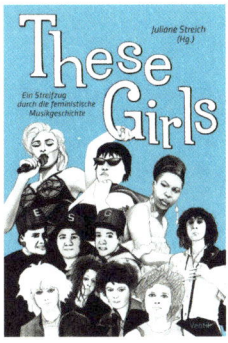
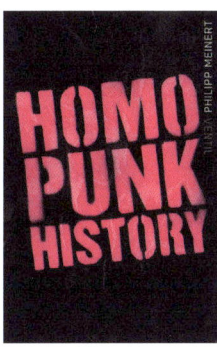

Jonas Engelmann (Hg.)
Damaged Goods
150 Einträge in die Punk-Geschichte

Juliane Streich (Hg.)
These Girls
Ein Streifzug durch die feministische
Musikgeschichte

Philipp Meinert
Homopunk History
Von den Sechzigern bis in die
Gegenwart

Nagel
Wo die wilden Maden graben
Roman

Jens Rachut
Der mit der Luft schimpft
Texte aus fast vier Jahrzehnten.
Mit Zeichnungen von Raoul Doré

Knarf Rellöm
**Wir müssen die Vergangenheit
endlich Hitler uns lassen**
Texte, Biografien, Porträts, Manifeste,
Außerirdische

www.ventil-verlag.de